BEI GRIN MACHT SICH IHR WISSEN BEZAHLT

AF168019

- Wir veröffentlichen Ihre Hausarbeit,
  Bachelor- und Masterarbeit

- Ihr eigenes eBook und Buch -
  weltweit in allen wichtigen Shops

- Verdienen Sie an jedem Verkauf

Jetzt bei www.GRIN.com hochladen und kostenlos publizieren

Das disruptive Potenzial von Cloud Computing und die Faktoren bei der Einführung in Unternehmen

Paul Jahn

Bibliografische Information der Deutschen Nationalbibliothek:

Die Deutsche Nationalbibliothek verzeichnet diese Publikation in der Deutschen Nationalbibliografie; detaillierte bibliografische Daten sind im Internet über http://dnb.d-nb.de abrufbar.

ISBN: 9783346234407
Dieses Buch ist auch als E-Book erhältlich.

Druck und Bindung: Books on Demand GmbH, Norderstedt Germany
Gedruckt auf säurefreiem Papier aus verantwortungsvollen Quellen

Das vorliegende Werk wurde sorgfältig erarbeitet. Dennoch übernehmen Autoren und Verlag für die Richtigkeit von Angaben, Hinweisen, Links und Ratschlägen sowie eventuelle Druckfehler keine Haftung.

Das Buch bei GRIN: https://www.grin.com/document/915679

Das disruptive Potenzial von Cloud Computing und die Faktoren bei der Einführung in Unternehmen

Seminararbeit

eingereicht bei
Lehrstuhl für Wirtschaftsinformatik,
insb. Informationssytsemmanagement
Otto-Friedrich-Universität
Bamberg

von
Paul Jahn

Studienrichtung: International Information Systems Management
1. Fachsemester

Abstract

Cloud Computing ist seit seiner Einführung auf ein zunehmendes Interesse bei Unternehmen gestoßen. So hat es das Potenzial verschiedene Branchen nachhaltig zu verändern. Unternehmen beschäftigen sich mit der Adaption der Technologie, um erfolgreich am Markt zu bestehen und von den Vorteilen zu profitieren. In der Fachliteratur wird oft schon von der nächsten großen disruptiven Innovation gesprochen. Doch handelt es sich bei Cloud Computing wirklich um eine disruptive Innovation nach der Theorie von Clayton M. Christensen? Und welche Faktoren sind bei der Einführung von Cloud Computing in Unternehmen zu beachten? Die hier vorliegende Arbeit hat sich mit diesen Fragen befasst und gibt dabei zusätzlich einen Überblick über die Grundlagen des Cloud Computing. Dafür wurde eine systematische Literaturrecherche in Anlehnung an Joost F. Wolfswinkel durchgeführt. Dabei konnte anhand der Auswertung der Literatur festgestellt werden, dass es sich bei Cloud Computing um eine disruptive Innovation handelt, die allerdings auch Merkmale einer nachhaltigen Innovation enthält. Des Weiteren wurden vier Kategorien von Faktoren definiert, die für die Einführung von Cloud Computing im Unternehmen relevant sind: technologische Faktoren, organisatorische Faktoren, Risikofaktoren und Umweltfaktoren. Auf Grundlage der Ergebnisse bietet diese Arbeit einen Leitfaden für zukünftige Forschung im Bereich des Cloud Computing, um die Merkmale der technologischen Innovation genauer zu spezifizieren und weitere Faktoren für die Einführung von Cloud Computing in Unternehmen zu identifizieren.

Inhaltsverzeichnis

Abbildungsverzeichnis

Tabellenverzeichnis

1. Einleitung

„It's faster in every case to talk to the server than it is my local hard disk [..]. Carrying around these non-connected computers, with tons of data and state in them, is byzantine by comparison"(Lum, 2016). Schon 1997 sprach Steve Jobs auf der Worldwide Developer Conference über eine Vision von einer Cloud, die von jedem Computer zugänglich ist und lokale Speichermedien überflüssig macht. Knapp 23 Jahre später ist diese längst Realität geworden. So werden Cloud-Dienste heute in fast allen Bereichen des täglichen Lebens genutzt (Lum, 2016). Ein Grund dafür ist unter anderem der rasche Wandel der Informations- und Kommunikationstechnologie, der in den letzten Jahren stattgefunden hat (Reinheimer, 2018). Cloud Computing wird dabei branchenübergreifend in beinahe allen Industrien eingesetzt (Abolhassan, 2016).

Dabei sind Unternehmen *„[m]ithilfe skalierbarer, hochverfügbarer Cloud-Lösungen [..] so effizient wie niemals zuvor in der Lage, auf Anforderungen des Marktes zu reagieren"* (Abolhassan, 2016, S.18). Cloud-Lösungen führen dabei zu einer veränderten Marktdynamik und können so ganze Industrien verändern. Eine Vielzahl von Unternehmen haben sich für den Einsatz Cloud Computing entschieden, um die Vorteile in Bezug auf eine flexible Kostenstruktur, Skalierbarkeit und Effizienz zu nutzen (Sultan / van de Bunt-Kokhuis, 2012). Cloud Computing liefert dabei Rechen- und Kommunikationsfähigkeiten über das Internet. Dadurch kann die Verarbeitung und Speicherung von Informationen, aber auch der Zugriff auf diese zeit- und ortsunabhängig erfolgen. Zudem können auch Rechen- und Speicherkapazitäten in Unternehmen erhöht werden, ohne dass neue Investitionen in die Infrastrukturen getätigt werden müssen (DaSilva et al., 2013).

Cloud Computing scheint dabei alle Bestandteile einer disruptiven Innovation nach der Theorie von Clayton M. Christensen zu enthalten (Christensen, 1997). Dennoch ist sich die Wissenschaft uneinig, ob es sich bei Cloud Computing um die Art von disruptiver Innovation handelt, die einen grundlegenden Wandel in der Art und Weise hervorbringt, wie Anbieter ihre Bereitstellung von Computing Dienstleistungen ansehen und wie konsumierende Unternehmen diese Dienste wahrnehmen und nutzen (Sultan and van de Bunt-Kokhuis, 2012). Hier bedarf es weiterer Forschung, um eine Einordung von Cloud Computing in das Modell von Christensen zu ermöglichen. Des Weiteren sind die ausschlaggebenden Faktoren für die Einführung von Cloud Computing in Unternehmen bisher noch nicht ausreichend erforscht worden (Alismaili et al., 2020; El-Gazzar, 2014). Um die Forschungslücken zu schließen und den aktuellen Forschungsstand möglichst repräsentativ darzustellen wurden dafür folgende Forschungsfrage formuliert:

Handelt es sich bei Cloud-Computing um eine disruptive Innovation und welche Faktoren spielen bei der Einführung in Unternehmen eine Rolle?

Genau mit dieser Frage und weiteren Aspekten wird sich diese Arbeit befassen. Um ein besseres Verständnis des Themengebietes zu vermitteln, werden zu Beginn die Grundlagen des Cloud Computings erläutert. Darauffolgend wird der Vorgang der Recherche mittels eines Literatur Reviews wiedergegeben, bevor die Ergebnisse aufgezeigt, und in einer Diskussion abschließend bewertet werden.

2. Cloud Computing

Professor Ramnath K. Chellappa führte den Begriff des Cloud Computing 1997 auf einer Konferenz in Dallas ein. Seither gibt es allerdings keine einheitliche oder standardisierte Definition des Begriffes (Reinheimer, 2018). Grundsätzlich ermöglicht Cloud Computing „[..] *die Bereitstellung und Nutzung von IT-Infrastruktur, von Plattformen und von Anwendungen aller Art [..]"* (Baun et al., 2011, S.1). Dabei wird die Technologie auch oft als eine flexible und skalierbare Infrastruktur betrachtet. So können durch diese externe Computerrressourcen auf Abruf zu Verfügung gestellt werden. Cloud-Dienste folgen dabei den Ansatz des Utility Computing. Dabei stellt der Anbieter immer genau so viele Ressourcen zu Verfügung wie der Kunde nachfragt (Baun et al., 2011). Dadurch können Unternehmen ihre Rechen- und Speicherkapazitäten erhöhen, ohne in neue Infrastrukturen wie beispielsweise Server investieren zu müssen (DaSilva et al., 2013). Grundsätzlich kann das Cloud Computing mithilfe von sechs Technologien realisiert werden: Breitband-Internet, Hochleistungsserver, Virtualisierung, Browser, Interaktives Web 2.0 und mobile Endgeräte (Metzger et al., 2011).

Das Breitband-Internet ist eine der Grundvoraussetzungen. Denn der Ansatz des Cloud Computing ist ohne die Technologie des Internets nicht realisierbar. Bei den Hochleistungsservern handelt es sich um das Herz des Cloud Computing. So stellen diese die physische Infrastruktur dar, auf denen die zentralen Applikationen implementiert werden (Metzger et al., 2011). Auch die Virtualisierung ist ein wichtiger Bestandteil des Cloud Computing. Der Vorgang der Virtualisierung kann dabei als eine Form der Abstraktion angesehen werden: „[L]ogische Systeme werden von der physischen Implementierung abstrahiert. Ressourcen werden dabei nicht dediziert, sondern gemeinsam genutzt, also flexibler bereitgestellt und Kapazitäten besser genutzt"* (Köhler-Schute / Arbitter, 2011, S.70). Die Virtualisierung kann dabei auf unterschiedliche Art erfolgen. Beim Multiplexing werden mehrere virtuelle Objekte aus einer Instanz eines physischen Objektes erstellt. Ein Prozessor, der eine Vielzahl von Prozessen gleichzeitig ausführt, kann hier als Beispiel genannt werden. Im Unterschied dazu ist auch eine Aggregation möglich. Hierbei wird ein virtuelles Objekt aus verschiedenen Typen von physischen Objekten erstellt. So können beispielsweise mehrere physische Festplatten zu einer RAID Festplatte zusammengefasst werden. Des Weiteren kann auch eine Emulation erfolgen. Dabei wird ein physisches Objekt durch ein Virtuelles nachgebildet (Marinescu, 2013).

Ein Browser, wie Safari oder Firefox, ist für die Realisierung von einigen Funktionen des Cloud Computing essentiell. So ermöglicht dieser den einfachen Zugriff auf Dienstleistungen. Nutzer müssen Software nicht mehr lokal installieren und können so direkt und in Echtzeit auf Dienstleistungen zugreifen. In diesem Zusammenhang ist auch das interaktive Web 2.0 zu nennen, das ein passendes Userinterface für Cloud-Dienste ermöglicht (Metzger et al. 2011). Eine weitere Technologie, die für Cloud Computing von großer Bedeutung ist, sind mobile Endgeräte. Diese ermöglichen eine flexiblere Nutzung und können Cloud-Anwendungen standortunabhängig realisieren (Metzger et al., 2011).

Das Cloud Computing kann in unterschiedlichen Architekturen und Servicemodellen reali-siert werden. Bei der Architektur kann je nach Anforderungen zwischen Public Cloud, Pri-vate Cloud, Hybrid Cloud und Community Cloud gewählt werden. In Bezug auf die Ser-vicemodelle des Cloud Computing gibt es folgende Ausprägungen: Software-as-a-Service (SaaS), Platform-as-a-Service (PaaS) und Infrastructure-as-a-Service (IaaS) (Marinescu, 2013).

2.1 Architektur Cloud Computing

Wie bereits erwähnt, kann beim Cloud Computing zwischen vier verschiedenen Architektu-ren gewählt werden (Metzger et al., 2011). Diese unterscheiden sich unter anderem in Be-zug auf die Größe, Anwendungsbereich und Nutzergruppen (Marinescu, 2013).

2.1.1 Public Cloud

Bei der Public Cloud werden Rechenressourcen dynamisch über das Internet via Weban-wendungen oder Webdiensten von einem externen Drittanbieter bereitgestellt (Furht / Escalante, 2010). „Sie kann von beliebigen Personen, Nutzern und Unternehmen genutzt werden und ist nicht [..] auf interne Anwendungen einer einzelnen Institution, eines Depart-ments oder eines Unternehmens beschränkt" (Metzger et al., 2011, S.19).

Innerhalb der Public Cloud kann zwischen einer Exclusive Cloud und einer Open Cloud unterschieden werden. Bei einer Exclusive Cloud wird der Zugang beziehungsweise die Nutzung der Cloud auf eine bestimmte Anzahl an Nutzern eingeschränkt. Mögliche Kunden schließen dabei vor der tatsächlichen Nutzung einen Vertrag mit dem Dienstleister ab. Dadurch weiß der Anbieter genau wer seine Dienstleistungen nutzt. Dies führt zu einem sicheren Nutzungsumfeld (Metzger et al., 2011).

Im Gegensatz dazu ist die Open Cloud grundsätzlich für jeden Kunden frei nutzbar. Die Entwicklung der Cloud erfolgt dabei ohne Involvierung der späteren Nutzer und zielt auf standardisierte Dienstleistungen ab, die vollautomatisch ausführbar sind (Metzger et al., 2011). Dadurch können sich extreme Skaleneffekte in Bezug auf die Nutzer ergeben (Köh-ler-Schute / Arbitter, 2011). Ein Beispiel dafür sind die Amazon Web Services (Metzger et al., 2011).

2.1.2 Private Cloud

Bei der Private Cloud ist die gesamte Infrastruktur auf einzelne Organisationen ausgerichtet (Marinescu 2013). Dadurch bieten sie volle Kontrolle über Daten, Sicherheit und Ser-vicequalität. Private Clouds können von der eigenen IT-Organisation eines Unternehmens oder von einem Cloud-Provider aufgebaut und verwaltet werden (Furht / Escalante, 2010). In den meisten Fällen bedeutet die Einrichtung einer Private Cloud die Umstrukturierung einer bestehenden Infrastruktur. Dabei wird eine Virtualisierung durchgeführt und cloud-ähnliche Schnittstellen implementiert. Dies ermöglicht es den Nutzern mit dem lokalen Re-chenzentrum zu interagieren und gleichzeitig die Vorteile einer Public Cloud zu nutzen (Buyya et al., 2011).

Der Lösungsansatz der Private Cloud ist speziell für größere Organisationen, wie For-schungseinrichtungen, Universitäten und Unternehmen gedacht. Das Hauptargument für die Implementierung ist dabei der Sicherheitsaspekt. Somit handelt es sich um einen geschlossenen Ansatz, in dem sensible Daten geschützt werden (Marinescu, 2013).

Des Weiteren können Skaleneffekte durch die Private Cloud entstehen. So kann diese als grundlegende Infrastruktur für verschiedene Anwendungen im Unternehmen dienen (Köhler-Schute / Arbitter 2011). *„Verschiedene IT-Systeme werden dabei auf eine gemeinsame, gepoolte, dynamische Betriebsplattform gebracht"* (Köhler-Schute / Arbitter, 2011, S.42).

2.1.3 Community Cloud

Bei der Community Cloud wird die Infrastruktur von mehreren Organisationen gemeinsam genutzt. Dabei unterstützt diese eine bestimmte Community, die gemeinsame Anliegen wie Aufträge, Sicherheitsstandards, Richtlinien oder Compliance Maßnahmen hat (Marinescu, 2013). Man könnte auch von einem Ansatz sprechen, bei dem verschiedene Unternehmungen ihre Privat Cloud zu einer gemeinsamen Community Cloud zusammenführen (Metzger et al., 2011).

2.1.4 Hybrid Cloud

Bei der Hybrid Cloud handelt es sich um eine Zusammensetzung von mindestens zwei verschiedenen Cloud Architekturen. Diese werden durch standardisierte oder proprietäre Technologien miteinander verbunden, um eine Daten- und Anwendungsportabilität zu ermöglichen (Marinescu, 2013). Dadurch können beispielsweise die Kostenvorteile der Public Cloud mit den Sicherheitsvorteilen der Privat Cloud verbunden werden (Köhler-Schute / Arbitter, 2011).

Für die Implementierung einer Hybrid Cloud benötig man ein hohes Maß an Integrationskompetenz. So gibt es oft sehr spezifische Anforderungen an die verschiedenen Services, die sich von Unternehmen zu Unternehmen stark unterscheiden können (Köhler-Schute / Arbitter, 2011).

2.2 Cloud Servicemodelle

Cloud Computing Dienstleistungen lassen sich nach dem Abstraktionsniveau der bereitgestellten Fähigkeiten und dem Dienstleistungsmodell der Anbieter in drei Klassen einteilen: Infrastructure-as-a-Service (IaaS), Platform-as-a-Service (PaaS) und Software-as-a-Service (SaaS). Die Abstraktionsebenen können auch als eine Schichtenarchitektur betrachtet werden, bei der Dienste einer höheren Schicht aus Diensten der darunter liegenden Schicht zusammengesetzt werden (Buyya et al., 2011). Dabei wird mit jeder Abstraktionsebene der Aufwand reduziert, den der Service-Konsument für den Aufbau und die Bereitstellung von Systemen hat (Kavis, 2014).

2.2.1 Infrastructure-as-a-Service (IaaS)

Das Infrastructure-as-a-Service-Modell stellt ein virtuelles Datenzentrum innerhalb der Cloud zur Verfügung. Dabei werden Server (physische und virtualisierte) und Cloud-basierte Datenspeicherung auf Abruf bereitgestellt. Innerhalb einer IaaS-Lösung müssen Entwickler ihr eigenes Betriebssystem, ihre eigene Datenbankverwaltungssoftware und Support-Software installieren (Jamsa, 2013).

Zu den enthaltenen Leistungen des Infrasturcture-as-a-Service gehören: Server-Hosting, Web Server, Speicherkapazitäten, Rechenleistung, Load balancing, Internet Zugang und Bandbreitenbereitstellung. Während man früher lange Beschaffungszyklen mit Hardware vollziehen musste, die zeit- und kostenintensiv war, ermöglicht Cloud Computing hier einen neuen Lösungsansatz. Mit IaaS ist die virtuelle Infrastruktur bei Bedarf verfügbar und kann innerhalb von Minuten durch den Aufruf einer Programmierschnittstelle (API) oder den Start über eine webbasierte Verwaltungskonsole in Betrieb genommen werden (Kavis, 2014).

Das Modell eignet sich besonders, wenn die Nachfrage unbeständig ist oder ein neues Unternehmen Computerressourcen benötigt und dabei nicht in eine Computerinfrastruktur investieren möchte. Des Weiteren ist dieses Cloud Computing Modell auch ein guter Lösungsansatz für Unternehmen, die stark wachsen und ihre Infrastruktur schnell expandieren müssen (Marinescu 2013). Ein Beispiel für ein Infrastructure-as-a-Service ist Amazon Web Services. Hier können Unternehmen ihre eigenen Systeme hosten (Jamsa, 2013).

2.2.2 Platform-as-a-Service (PaaS)

Bei der nächsten Abstraktionsebene handelt es sich um Platform-as-a-Service. Was IaaS für die Infrastruktur ist, ist PaaS für die Anwendungen. So wird in diesem Service Modell eine Umgebung geboten, in der Entwicklerteams Anwendungen erstellen und anbieten können (Kavis, 2014). Die Hard- und Software innerhalb einer PaaS-Lösung wird dabei vom Plattformanbieter bereitgestellt und verwaltet. Entwickler müssen sich also nicht um das Management der Hardware und des Betriebssystems kümmern und können sich vollständig auf die Entwicklung von Anwendungen konzentrieren (Jamsa, 2013).

Google AppEngine kann hier als ein Beispiel für Plaltform-as-a-Service genannt werden. Der Service von Google bietet eine skalierbare Umgebung für die Entwicklung und das Hosting von Webanwendungen an, die in spezifischen Programmiersprachen Python oder Java geschrieben werden (Buyya et al., 2011).

2.2.3 Software-as-a-Service (SaaS)

Software-as-a-Service befindet sich auf der höchsten Abstraktionsebene der Cloud-Servicemodelle (Buyya et al., 2011). Dabei werden Applikationen ausschließlich als Web-Anwendungen konzipiert und realisiert (Köhler-Schute / Arbitter, 2011). Diese „[..] sind mandantenfähig, skalierbar und bieten aufgrund ihrer Architektur eine hohe Verfügbarkeit" (Köhler-Schute / Arbitter, 2011, S.86). Traditionelle Desktop-Anwendungen, wie Textverarbeitung und Tabellenkalkulation, können dadurch als webbasierte Anwendung im Internet aufgerufen werden (Buyya et al., 2011).

Grundsätzlich gibt es zwei Möglichkeiten, wie SaaS Anbieter ihre Dienstleistungen bereitstellen. Die gebräuchlichste Methode ist eine webbasierte Benutzeroberfläche, die mit jedem internetfähigen Gerät zugänglich ist. Bei der alternativen Verfahrensweise wird dem Kunden eine API zu Verfügung gestellt. Dadurch können die Kunden SaaS Lösungen in ihre bestehenden Funktionen und Anwendungen integrieren (Kavis, 2014).

Beispiele für SaaS-Software für Endbenutzer sind Google Gmail, Zoho Office Suite und QuickBooks online. Generell sind Software-as-a-Service Anwendungen nicht auf bestimmte Anwendungsbereiche beschränkt. Sie umfassen kundenspezifische Software wie

Abrechnungs- und Fakturierungssysteme, Anwendungen für das Customer-Relationship-Management (CRM), Helpdesk-Anwendungen, Lösungen für die Personalabteilung (HR) sowie unzählige Online-Versionen bekannter Anwendungen (Sosinsky, 2011).

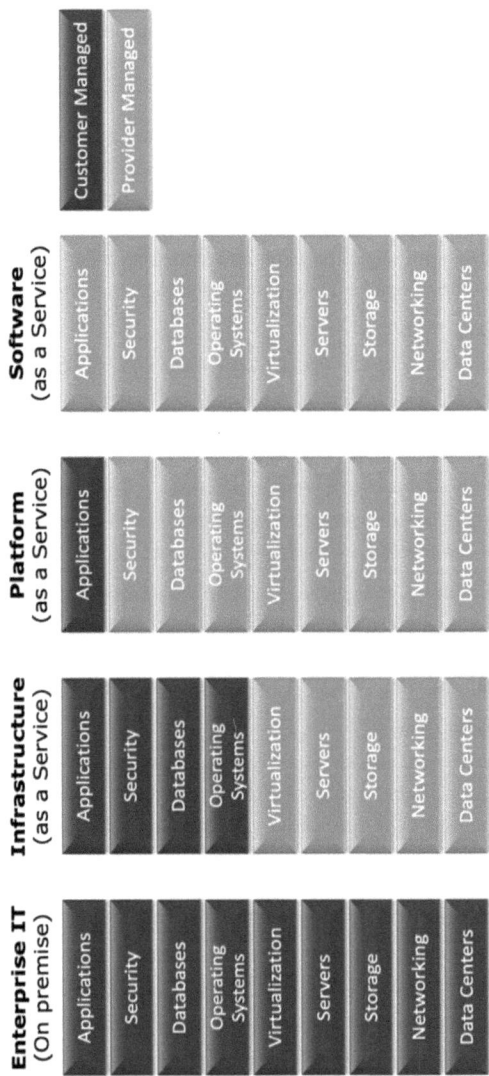

Abbildung 1: Cloud Computing Servicemodelle (in Anlehnung an: Nugara, 2017)

2.3 Theorie der disruptiven Innovation

Bei der *„disruptiv Innovation Theory"* (Sultan / van de Bunt-Kokhuis, 2012, S.170) von Christensen handelt es sich um ein nützliches Instrument, um zu erörtern wie ein Unternehmen Innovationen handhabt (Sultan / van de Bunt-Kokhuis, 2012).

So unterscheidet Christensen zwischen „[..] sustaining [und] disruptive technologies [..]" (Christensen, 1997, S.11). Dabei werden technologische Veränderungen, die einen nachhaltigen Einfluss auf etablierte Wege der Leistungsverbesserung haben als „sustaining" bezeichnet. Im Gegensatz dazu werden Technologien, die einen etablierten Pfad der Leistungsverbesserung unterbrechen oder neu definieren, als „disruptiv" angesehen (Kaltenecker et al., 2015).

Die Unterscheidung zwischen nachhaltigen und disruptiven Technologien lässt sich auch auf den Unternehmenskontext übertragen (Sultan / van de Bunt-Kokhuis, 2012). So helfen nachhaltige Innovationen, etablierte Prozesse und Produkte im Unternehmen fortlaufend weiterzuentwickeln. Beispiele hierfür sind Flugzeuge, die weiter oder schneller fliegen, verbesserte Computerchips oder Fernseher mit verbesserter Bildqualität. Disruptive Innovationen hingegen führen eine neue Art der Wertschöpfung ein (Sultan / van de Bunt-Kokhuis, 2012). Dabei werden neue Märkte geschaffen oder bestehende Märkte nachhaltig verändert (Kaltenecker et al., 2013).

Man unterscheidet deshalb auch zwischen zwei Arten von disruptiven Innovationen: *„low-end and new-market"* (Sultan / van de Bunt-Kokhuis, 2012, S.170). Low-end disruptive Innovationen treten auf, wenn Unternehmen „good-enough" Produkte und Dienstleistungen für einen großen Kundenkreis anbieten. Das Discount-Einzelhandelsgeschäft von Wall-Mart oder die Direct-to-Customer Modelle von Dell können hier als Beispiele genannt werden. New-market disruptive Innovationen können hingegen entstehen, wenn Merkmale bestehender Produkte und Dienstleistungen (wie zum Beispiel Größe, Komplexität oder Preis) die Anzahl potenzieller Kunden begrenzen oder den Konsum in ungünstige oder zentralisierte Umgebungen zwingen. Beispiele für solche Innovationen sind: das Telefon von Bell, Apple's Personal Computer oder die Onlineauktionsseite Ebay. Sie alle schufen Wachstum, indem sie den Menschen neue Möglichkeiten der Nutzung ermöglichten (Sultan / van de Bunt-Kokhuis, 2012).

3. Literaturreview

In diesem Abschnitt werden die einzelnen Schritte der Literaturrecherche dargelegt. Dazu werden die Kriterien für die verschiedenen Suchvorgänge und der gesamte Prozess der selektiven Auswahl der wissenschaftlichen Artikel im Detail erläutert.

3.1 Methodik

Im Zuge der Literaturrecherche wurde eine systematische Datenbankanalyse in Anlehnung an Wolfswinkel und seine „Grounded Theory" (Wolfswinkel et al., 2013) durchgeführt. Für den theoretischen Hintergrund zu Beginn dieser Arbeit wurde eine zusätzliche Suche nach geeigneter Grundlagenliteratur mit anderen Kriterien angewendet.

3.2 Systematische Datenbankrecherche

Bevor die eigentliche Datenbankrecherche nach Journalartikeln durchgeführt wurde, erfolgte eine Suche nach geeigneter Grundlagenliteratur in Form von Fachliteratur. Diese wurde im Bamberger Katalog durchgeführt. Beim diesem handelt es sich um den gemeinsamen Katalog der Universitätsbibliothek und der Staatsbibliothek Bamberg. Grundgedanke dieser Suche war es, ein breiteres Quellenspektrum an Fachliteratur anzufertigen, um den aktuellen Forschungsstand möglichst genau darstellen zu können. Dazu erfolgte die Definition von Auswahlkriterien. Dabei wurden die Keywords: Cloud Services, Cloud Computing, disruptive Technologie, disruptive Innovation genutzt. Diese wurden zu folgendem Suchstring zusammengefasst:

Cloud OR (Cloud AND Computing) OR (Cloud AND Services) OR (Cloud AND disruptive Technology) OR (Cloud AND disruptive Innovation)

Des Weiteren wurde die Suche mittels Filter auf die Themenbereiche Wirtschaft und Informatik eingeschränkt. Die eigentliche Auswahl der Fachliteratur fand anhand der Analyse des Titels und des Abstracts statt. Nachdem die Recherche nach geeigneter Grundlagenliteratur abgeschlossen war, konnte die systematische Datenbankrecherche nach Journalartikel begonnen werden.

Im ersten Schritt wurden der Umfang sowie die Ein- und Ausschlusskriterien für die Auswahl von wissenschaftlichen Artikeln festgelegt. Dazu wurde die Journal Quality List von Harzing herangezogen (Harzing, 2019). Bei dieser handelt es sich um eine Zusammenstellung von Zeitschriftenrankings aus einer Vielzahl von Quellen, die in unterschiedliche Fachgebiete und Themenbereiche eingeteilt sind.

Innerhalb der Harzing Journal Quality List erfolgte die Auswahl auf für diese Arbeit relevante Themenbereiche: General & Strategy, Management Information Systems, Knowledge Management und International Business. Im Bereich General & Strategy wurden 21 Journale ausgewählt. Das Selektionskriterium war hier das Gesamtranking, das sich aus den verschiedenen Rankings zusammenstellen lässt. So wurden hier nur Journale in Betracht gezogen, die bei mindestens drei der zwölf Rankings eine gute bis sehr gute Bewertung erhalten haben. Analog zu den Auswahlkriterien des Bereiches General & Strategy wurden 20 Journale im Themenbereich Management Information Systems, Knowledge Management ausgewählt. Im Gegensatz dazu wurden, aufgrund der geringen Anzahl der Journale, in dem Themenbereich International Business alle 17 Journale ausgewählt. Insgesamt wurden bereichsübergreifend 58 Journale aus der Harzing Quality List ausgewählt.

Nachdem der Umfang und die Eingrenzung auf die genannten Journale vollzogen war, wurde auf Grundlage der Forschungsfrage und der Themenbereiche ein Suchstring erstellt. Dieser setzt sich aus den Keywords: Cloud Computing, disruptive Technologie, disruptive Innovation, disruptive potential und den ausgewählten Journalen zusammen.

Dabei wurde die Suche mithilfe von Filtern auf Journalartikel begrenzt, bei denen die genannten Schlüsselwörter im Titel, Abstract oder unter den gelisteten Keywords enthalten sind. Dies geschah, um möglichst viele Artikel mit forschungsrelevanten Aspekten zu finden und um die Gesamtanzahl der Treffer einzuschränken. Des Weiteren wurde die Suche auf wissenschaftliche Peer Reviewed Journals eingeschränkt, um die Qualität der wissenschaftlichen Publikationen zu gewährleisten.

Nachdem der Suchstring definiert war, konnte die Suche nach Journalartikeln beginnen. Hierfür wurde die Datenbank EBSCO Host genutzt. Um eine bessere Übersicht zu schaffen, erfolgte die Suche in den bereits definierten Themenbereichen General & Strategy, Management Information Systems, Knowledge Management und International Business.

Im Bereich des Suchstrings General & Strategy konnten insgesamt 30 Artikel gefunden werden. Nachdem die Filterung nach Dubletten und anderen unpassenden Artikeln wie Bücherrezessionen erfolglos blieb, konnte eine genaue Analyse der Journalartikels anhand des Titels und Abstract erfolgen. Hierbei konnten 22 Artikel ausgeschlossen werden, die inhaltlich oder thematisch nicht dem gesuchten Themenbereich entsprachen.

Nachdem die Grobfilterung der Journalartikel abgeschlossen war, wurden die übrigen acht Artikel im Detail analysiert. So wurde jeder einzelne Text auf Thema, Inhalt und Kernaussage untersucht. Aus diesem Analyseverfahren ergaben sich im Themenbereich General & Strategy schließlich drei passende Journalartikel (siehe Anhang).

Analog zu dem Verfahren im Themenbereich General & Strategy wurde die Suche auch in den Bereichen Management Information Systems, Knowledge Management und International Business durchgeführt (siehe Anhang). Im Bereich Management Information Systems, Knowledge Management wurden so insgesamt fünf Journalartikel und im Themenbereich International Business insgesamt ein Artikel ausgewählt.

Abschließend zu systematischen Literaturrecherche wurde noch eine Vorwärts- und Rückwärtssuche durchgeführt. Die Auswahl der Artikel erfolgte hierbei auf den gleichen Kriterien wie bei der systematischen Datenbankrecherche. So konnten durch die Vorwärtsuche ein zusätzlicher Artikel und durch die Rückwärtssuche zwei weitere Artikel gefunden werden (siehe Anhang).

Insgesamt wurden 12 Journalartikel ausgewählt.

Quelle	Gen & Strat	MIS, KM	IB	Vorwärts-suche	Rückwärts-suche
Gefundene Artikel	30	8	9	>100	>100
Ausgewählte Artikel	3	5	1	1	2

Tabelle 1: Auswahlverfahren der systematischen Literaturrecherche

4. Ergebnisse

In den folgenden Abschnitten werden die Ergebnisse der Literaturrecherche präsentiert. Dabei wird zu Beginn auf den ersten Teil der Forschungsfrage eingegangen, um zu klären ob es sich bei der Technologie des Cloud Computing um eine disruptive Innovation handelt. Anschließend werden die Faktoren, die für die Einführung von Cloud Computing im Unternehmen relevant sind, identifiziert und erläutert.

4.1 Cloud Computing und die Theorie der disruptiven Innovation

Um festzustellen, ob es sich bei Cloud Computing um eine disruptive Innovation nach der zugrundeliegenden *disruptiv Innovation Theory* (Sultan / van de Bunt-Kokhuis, 2012, S.170) von Christensen handelt, müssen die verschieden Merkmale der Technologie analysiert werden. Dabei sollte zwischen *sustaining technological changes [..] [und] [..] disruptive technological changes [unterschieden werden]* (Christensen / Bower, 1996, S.202).

Cloud computing has been promoted by some authors and analysts during the last few years as, potentially, the new fifth utility after telephony, water, gas and electricity (Sultan / van de Bunt-Kokhuis, 2012, S.170). Das grundlegende Konzept, also die Nutzung von IT-Ressourcen anderer Organisationen auf einer per-use-Basis zur Verarbeitung geschäftsrelevanter Daten, lässt sich jedoch auf die Praxis des „Timesharing" in den 1970er Jahren zurückführen. Dabei zahlten Unternehmen eine Gebühr an ein anders Unternehmen, und konnten im Gegenzug deren Großrechner für ihre Datenverarbeitung nutzen. Einige Autoren nutzen deshalb auch den Begriff des „Timesharing 2.0" (Sultan / van de Bunt-Kokhuis, 2012).

Des Weiteren stützt sich Cloud Computing auch auf bestehende Innovationen, wie beispielsweise dem Web und Virtualisierung. Einige dieser Innovationen sind sowohl nachhaltig als auch disruptiv. Das Web zum Beispiel ist im Grunde eine nachhaltige Innovation. So ist es eine Verbesserung des ursprünglichen Internets, einem „wide area networking system" (WAN), dass für den Datenaustausch von US-Regierungseinrichtungen und Universitäten konzipierte wurde. Gleichzeitig handelt es sich beim Web jedoch auch um eine disruptive Innovation. Es ermöglicht Unternehmen einen größeren Kundenkreis anzusprechen und Waren und Dienstleistungen zu günstigeren Preisen anzubieten. Des Weiteren wurden durch das Web neue Märkte geschaffen. Gleiches gilt auch in Bezug auf die Virtualisierung. So war die Servervirtualisierung nicht nur eine Verbesserung bestehender Technologien (nachhaltige Innovation), sondern auch eine new-market disruptive Innovation. Sie ermöglichte es den Verbrauchern, ihre IT-Ressourcen auf eine sehr erschwingliche und effiziente Weise besser zu nutzen (Sultan / van de Bunt-Kokhuis, 2012).

Wie bei den Hauptinnovationen, die ihr zugrunde liegen, ist Cloud Computing sowohl eine nachhaltige als auch disruptive Innovation. Als Geschäftsmodell ist Cloud Computing eine enorme Verbesserung gegenüber dem Timesharing, also eine nachhaltige Innovation. So ermöglicht es Computing Organisationen, eine Vielzahl von Computing-Diensten per Knopfdruck aus der Ferne zu kaufen und ihre Nachfrage an diesen Diensten je nach Bedarf in Echtzeit nach oben oder unten zu skalieren. Des Weiteren kann Cloud Computing auch als low-end und new-market disruptive Innovation angesehen werden (Sultan / van de Bunt-Kokhuis, 2012).

Cloud Computing hat es ermöglicht, eine Reihe von „good-enough" EDV-Dienstleistungen (also eine low-end disruptive Innovation) einzuführen, für die konsumierende Unternehmen in der Vergangenheit große Ausgaben in Bezug auf Hardware, Software und Arbeitskräfte aufwenden mussten (Sultan / van de Bunt-Kokhuis, 2012). Als Beispiel können hier die on-demand Softwareprodukte des SaaS-Anbieter Salesforce genannt werden, die ein hohes disruptives Potenzial aufweisen (Kaltenecker et al., 2013).

Es wurden aber auch neue Märkte geschaffen, also eine Form der new-market disruptive Innovation. Hier können Unternehmen ehemals teure und komplexe Technologien zu günstigen Konditionen nutzen (Sultan / van de Bunt-Kokhuis, 2012). Dabei ermöglichte Cloud Computing zum Beispiel den Umstieg von On-premise zu On-demand (Kaltenecker et al., 2015)

4.2 Faktoren für die Einführung von Cloud Computing in Unternehmen

Um besser verstehen zu können, welche Faktoren bei der Einführung von Cloud Computing in Unternehmen eine Rolle spielen, wurden diese in vier Kategorien unterteilt: technologische Faktoren, organisatorische Faktoren, Risikofaktoren und Umweltfaktoren. Diese können sowohl negative als auch positive Auswirkungen bezüglich der Einführung haben (Alismaili et al., 2020).

4.2.1 Technologische Faktoren

Technologische Faktoren beziehen sich auf technische Fragen, die die Entscheidung über die Adaption von Cloud Computing beeinflussen (Alharbi et al. 2016). Eine Vielzahl von vorangegangenen Studien haben gezeigt, dass sich technologische Faktoren überwiegend positiv in Bezug auf die Einführung von Cloud Computing auswirken. So kann Cloud Computing als eine Art Werkzeug für die Entwicklung von neuen Geschäftsmodellen angesehen werden (Alismaili et al. 2020). Grundsätzlich gibt es vier wichtige Arten von ICT-Infrastrukturen im Unternehmen. Die am häufigsten genutzte ICT-Infrastruktur entwickelt Ziele zur Unterstützung von administrativen Funktionen, wie Verkauf, Beschaffung, Lagerverwaltung, Produktionsplanung, Finanzverwaltung und Personalverwaltung. Eine weitere wichtige Art der ICT-Infrastruktur, die speziell von Fertigungsunternehmen genutzt wird, hat den Fokus auf die Unterstützung der Produktionsfunktion. Dies betrifft das Design von Produkten (computergestütztes Design - CAD) sowie deren Produktion/Fertigung (computergestützte Fertigung - CAM). Weitere ICT-Infrastrukturen beschäftigen sich mit dem Energieverbrauchmanagement oder ermöglichen einen Onlinevertrieb. Bei jeder dieser vier Arten der ICT-Infrastrukturen führt ein höherer Grad an Komplexität zu höheren Betriebs-, Support- und Wartungskosten. Um die Kosten dafür zu senken, ist es für Unternehmen sinnvoll einige Teile davon in die Cloud zu migrieren. Zum Beispiel können IaaS-Dienste für das Hosting von Anwendungen genutzt werden oder SaaS-Dienste, um ältere Anwendungen durch moderne Standardsoftwarepakete zu ersetzen (Kyriakou / Loukis, 2019). Des Weiteren ermöglichen Cloud-basierte Dienste mit einem monatlich festgelegten Preis oder einem Pay-per-use Modell neue Technologielösungen, die zuvor finanziell oder technologisch nicht realisierbar waren (Sultan, 2013a).

4.2.2 Organisatorische Faktoren

Verschiedene Studien haben gezeigt, wie wichtig die verschiedenen Aspekte in dieser Dimension sind. Dazu gehören die Unterstützung durch das Top-Management, die Innovationsfähigkeit der Unternehmen, die Unternehmensgröße und die Erfahrung des Unternehmens mit ähnlichen Projekten. Gerade die Unterstützung von Führungskräften bei der Einführung technologischer Innovationen, der Neugestaltung von Geschäftsprozessen und dem Changemanagement ist für die Adaption von Cloud Computing essentiell. Eine Innovationsbereitschaft und eine Offenheit gegenüber ICT-Innovationen sollte gegeben sein (Alismaili et al., 2020). Dies gilt allerdings auch für die Mitarbeiter (Gupta et al., 2018). Trainings und Schulungen können hier helfen das Risiko einer *„organization resistance"* (Gupta et al., 2018, S.86) zu minimieren. So bieten Cloud Technologien neue Möglichkeiten für Prozessinnovationen, wenn Unternehmen Cloud-basierte Dienste kaufen, anstatt in ihre eigenen internen ICT-Fähigkeiten zu investieren. Dadurch können Kosten gesenkt und die Wettbewerbsfähigkeit erhöht werden (Ross / Blumenstein, 2015).

4.2.3 Risikofaktoren

In Bezug auf die Adaption von Cloud Computing in Unternehmen spielen Risikofaktoren eine wichtige Rolle. Dabei werden besonders Sicherheitsbedenken im Zusammenhang mit Cloud Computing genannt. So birgt das Konzept des Cloud Computings, seine Dienste in einem Multi-Tenancy-Modell zu erbringen, einige erhöhte Sicherheitsrisiken mit sich. Diese beziehen sich insbesondere auf den Datenschutz, der durch den Cloud-Anbieter gewährleistet werden muss (Alismaili et al., 2020). Des Weiteren spielen auch Fragen in Bezug auf mögliche Systemausfälle oder der Interoperabilität von Cloud Computing eine wichtige Rolle bei der Einführung (Sultan, 2013). Dabei stellen viele Cloud-Anbieter ihre Dienste über proprietäre Anwendungs-Programmierschnittstellen (APIs) zu Verfügung. Dies führt dazu, dass Unternehmen die sich für einen bestimmten Anbieter entscheiden, Schwierigkeiten bei einem möglichen Wechsel haben könnten (Sultan, 2013b).

4.2.4 Umweltfaktoren

Die Einführung einer bestimmten Technologie hängt stark vom Kontext ab, in dem das Unternehmen tätig ist. Dazu gehören Faktoren wie Standort des Unternehmens, der Zugang des Unternehmens zu neuen Technologien, Konkurrenten sowie Kunden und Subunternehmen (Hadhri et al., 2017). In Bezug auf den Unternehmensstandort spielt insbesondere die Gesetzgebung und die Politik eine wichtige Rolle (Alharbi et al., 2016). Aber auch andere externe Faktoren haben einen direkten Einfluss auf die Einführung von Cloud Computing. Beispielsweise müssen wissensintensive Dienstleistungsunternehmen neue ICT und die damit verbundenen Innovationen so schnell wie möglich einführen. Dieser Wettbewerbsdruck kann Unternehmen dazu veranlassen, ihre ICT-Infrastruktur nach außen zu verlagern, um deren Effektivität zu verbessern (Hadhri et al., 2017).

5. Diskussion

Ziel dieser Seminararbeit war es, festzustellen ob es sich bei Cloud Computing um eine disruptive Innovation handelt und welche Faktoren für die Einführung von Cloud Computing eine Rolle spielen. Um eine ganzheitliche Sicht auf die Thematik zu geben, wurde in den ersten Abschnitten der Arbeit ein besonderer Fokus auf den theoretischen Hintergrund gelegt. Dabei wurden die grundlegenden Mechanismen des Cloud Computing erläutert. Für die im Anschluss folgende systematische Literaturrecherche wurden strenge Auswahlkriterien definiert, um qualitativ hochwertige Journalartikel zu erhalten.

Durch die Auswertung der Ergebnisse konnte festgestellt werden, dass es sich bei Cloud Computing um eine disruptive Innovation handelt. So wird Cloud Computing in der Literatur mehrheitlich als disruptive Innovation definiert (Kaltenecker et al., 2013; Kaltenecker et al., 2015; Sultan, 2013;). Dennoch gibt es auch Faktoren und Merkmale, die einer nachhaltigen Innovation entsprechen. Eine eindeutige, finale Einordung ist also nur schwer möglich (Sultan/ van de Bunt-Kokhuis, 2012).

Der zweite Teil der Forschungsfrage beschäftigte sich mit den Faktoren, die für die Adaption von Cloud Computing im Unternehmen eine Rolle spielen. Hier konnten vier Dimensionen identifiziert werden: technologische Faktoren, organisatorische Faktoren, Risikofaktoren und Umweltfaktoren. Mit Hilfe der Analyse verschiedener Literatur konnte hier festgestellt werden, dass sich die Faktoren, mit Ausnahme der Risikofaktoren, mehrheitlich positiv auf die Einführung von Cloud Computing in Unternehmen auswirken (Hadhri et al., 2017; Alharbi et al.,2016; Sultan, 2013; Sultan, 2013b; Ross / Blumenstein, 2015; Alismaili et al., 2020). Auch wenn diese Seminararbeit den aktuellen Wissenstand des Cloud Computing bis 2020 zusammenfasst, gibt es einige Einschränkungen, die berücksichtigt werden müssen. So wurden für die systematische Literaturrecherche ausschließlich Top-Journale aus der Harzing Quality List ausgewählt, um eine hohe Qualität und die Zuverlässigkeit der rezensierten Literatur zu gewährleisten. Dadurch ergibt sich jedoch das Risiko, dass relevante Arbeiten aus weniger etablierten Fachzeitschriften unberücksichtigt bleiben. Des Weiteren ist die Auswahl aufgrund der verwendeten Keywords „Cloud Computing, disruptive Technologie, disruptive Innovation, disruptive Potential" und den bereits genannten Auswahlkriterien eingeschränkt. Dies war jedoch notwendig, um den Umfang der Arbeit einzugrenzen.

Zukünftige Forschung kann auf den Ergebnissen dieser Arbeit aufbauen und möglicherweise weitere Faktoren, für die Adaption von Cloud Computing im Unternehmen identifizieren. Zusammenfassend kann diese Arbeit wichtige Implikationen für die Forschung und Praxis liefern und als eine Art Fahrplan für Entscheidungsträger bei der Einführung von Cloud Computing angesehen werden.

Literaturverzeichnis

Abolhassan, F. (Ed.), 2016. Was treibt die Digitalisierung? warum an der Cloud kein Weg vorbeiführt. Springer Gabler, Wiesbaden.

Alharbi, F., Atkins, A., Stanier, C., 2016. Understanding the determinants of Cloud Computing adoption in Saudi healthcare organisations. Complex Intell. Syst. 2, 155–171. https://doi.org/10.1007/s40747-016-0021-9

Alismaili, S.Z., Li, M., Shen, J., Huang, P., He, Q., Zhan, W., 2020. Organisational-Level Assessment of Cloud Computing Adoption: Evidence from the Australian SMEs. Journal of Global Information Management 28, 73–89. https://doi.org/10.4018/JGIM.2020040104

Baun, C., Kunze, M., Nimis, J., Tai, S., 2011. Cloud Computing, Informatik im Fokus. Springer Berlin Heidelberg, Berlin, Heidelberg. https://doi.org/10.1007/978-3-642-18436-9

Buyya, R., Broberg, J., Gościński, A. (Eds.), 2011. Cloud computing: principles and paradigms. Wiley, Hoboken, N.J.

Christensen, C.M., 1997. The innovator's dilemma: when new technologies cause great firms to fail, The management of innovation and change series. Harvard Business School Press, Boston, Mass.

Christensen, C.M., Bower, J.L., 1996. Customer Power, Strategic Investment, and the Failure of Leading Firms. Strategic Management Journal 17, 197–218.

DaSilva, C.M., Trkman, P., Desouza, K., Lindič, J., 2013. Disruptive technologies: a business model perspective on cloud computing. Technology Analysis & Strategic Management 25, 1161–1173. https://doi.org/10.1080/09537325.2013.843661

El-Gazzar, R.F., 2014. A Literature Review on Cloud Computing Adoption Issues in Enterprises, in: Bergvall-Kåreborn, B., Nielsen, P.A. (Eds.), Creating Value for All Through IT, IFIP Advances in Information and Communication Technology. Springer Berlin Heidelberg, Berlin, Heidelberg, pp. 214–242. https://doi.org/10.1007/978-3-662-43459-8_14

Furht, B., Escalante, A. (Eds.), 2010. Handbook of Cloud Computing. Springer US, Boston, MA. https://doi.org/10.1007/978-1-4419-6524-0

Gupta, S., Misra, S.C., Kock, N., Roubaud, D., 2018. Organizational, technological and extrinsic factors in the implementation of cloud ERP in SMEs. Journal of OrgChange Mgmt 31, 83–102. https://doi.org/10.1108/JOCM-06-2017-0230

Hadhri, W., Maherzi, T., Youssef, A.B., 2017. E-Skills and the Adoption of Cloud Computing. Thunderbird International Business Review 59, 635–645. https://doi.org/10.1002/tie.21895

Harzing, P.A.-W., 2019. JOURNAL QUALITY LIST 23.

Jamsa, K., 2013. Cloud computing: SaaS, PaaS, IaaS, virtualization, business models, mobile, security and more, 1st ed. ed. Jones & Bartlett Learning, Burlington, MA.

Kaltenecker, N., Hess, T., Huesig, S., 2015. Managing potentially disruptive innovations in software companies: Transforming from On-premises to the On-demand. The Journal of Strategic Information Systems 24, 234–250. https://doi.org/10.1016/j.jsis.2015.08.006

Kaltenecker, N., Huesig, S., Hess, T., Dowling, M., 2013. The Disruptive Potential of Software as a Service: Validation and Application of an Ex-Ante Methodology 19.

Kavis, M., 2014. Architecting the cloud: design decisions for cloud computing service models (SaaS, PaaS, and IaaS), The Wiley CIO series. Wiley, Hoboken, New Jersey.

Köhler-Schute, C., Arbitter, P. (Eds.), 2011. Cloud Computing: neue Optionen für Unternehmen ; strategische Überlegungen, Konzepte und Lösungen, Beispiele aus der Praxis. KS-Energy-Verl, Berlin.

Kyriakou, N., Loukis, E.N., 2019. Do strategy, processes, personnel and technology affect firm's propensity to adopt cloud computing?: An empirical investigation. Journal of Ent Info Management 32, 517–534. https://doi.org/10.1108/JEIM-06-2017-0083

Lum, C., 2016. 4 Things Steve Jobs Taught Us About Cloud Computing [WWW Document]. URL   https://www.wisenet.co/blog/4-things-steve-jobs-quotes-taught-us-about-cloud-computing (aufgerufen am: 5.11.20).

Marinescu, D.C., 2013. Cloud computing: theory and practice. Elsevier/Morgan Kaufmann, Morgan Kaufmann is an imprint of Elsevier, Boston.

Metzger, C., Reitz, T., Villar, J., 2011. Cloud Computing: Chancen und Risiken aus technischer und unternehmerischer Sicht. Hanser, München.

Nugara, A., 2017. Transitioning from On-Premise Virtual Machines to More Cost Effective Azure Cloud Models. Microsoft Partner Network. URL https://blogs.partner.microsoft.com/mpn-canada/transitioning-premise-virtual-machines-cost-effective-azure-cloud-models/ (aufgerufen am: 25.5.20).

Reinheimer, S. (Ed.), 2018a. Cloud Computing: die Infrastruktur der Digitalisierung, Edition HMD. Springer Vieweg, Wiesbaden.

Reinheimer, S. (Ed.), 2018b. Cloud Computing: die Infrastruktur der Digitalisierung, Edition HMD. Springer Vieweg, Wiesbaden.

Ross, P.K., Blumenstein, M., 2015. Cloud computing as a facilitator of SME entrepreneurship. Technology Analysis & Strategic Management 27, 87–101. https://doi.org/10.1080/09537325.2014.951621

Sosinsky, B.A., 2011. Cloud computing bible. Wiley ; John Wiley [distributor], Indianapolis, IN : Chichester.

Sultan, N., 2013a. Cloud computing: A democratizing force? International Journal of Information Management 33, 810–815. https://doi.org/10.1016/j.ijinfomgt.2013.05.010

Sultan, N., 2013b. Knowledge management in the age of cloud computing and Web 2.0: Experiencing the power of disruptive innovations. International Journal of Information Management 33, 160–165. https://doi.org/10.1016/j.ijinfomgt.2012.08.006

Sultan, N., van de Bunt-Kokhuis, S., 2012. Organisational culture and cloud computing:

coping with a disruptive innovation. Technology Analysis & Strategic Management 24, 167–179. https://doi.org/10.1080/09537325.2012.647644

Wolfswinkel, J.F., Furtmueller, E., Wilderom, C.P.M., 2013. Using grounded theory as a method for rigorously reviewing literature. European Journal of Information Systems 22, 45–55. https://doi.org/10.1057/ejis.2011.51

Anhang

Forschungsgebiet (nach Harzing 2019)	General & Strategy
Suchstring	(((AB Cloud OR TI Cloud OR SU Cloud) AND (AB Computing OR TI Computing OR SU Computing) AND (AB Disruptive OR TI Disruptive OR SU Disruptive) AND (AB Technology OR TI Technology OR SU Technology)) OR ((AB Cloud OR TI Cloud OR SU Cloud) AND (AB Computing OR TI Computing OR SU Computing) AND (AB Disruptive OR TI Disruptive OR SU Disruptive) AND (AB potential OR TI potential OR SU potential)) OR ((AB Cloud OR TI Cloud OR SU Cloud) AND (AB Disruptive OR TI Disruptive OR SU Disruptive)) OR ((AB Cloud OR TI Cloud OR SU Cloud))) AND RV Y AND JN("Journal of Business Strategy" OR "Journal of Management and Governance" OR "Journal of Management History" OR "Leadership & Organization Development Journal" OR "Business Strategy Review" OR "Project Management Journal" OR "International Journal of Business Performance Management" OR "Gender in management: an International journal" OR "Group Decision and Negotiation" OR "Management Decision" OR "European Management Journal" OR "Management Communication Quarterly" OR "Journal of Organizational Change Management" OR "Technology Analysis & Strategic Management" OR "European Business Review" OR "Scandinavian Journal of Management" OR "Organization & Environment" OR "Harvard Business Review" OR "Strategic Entrepreneurship Journal" OR "Journal of Management & Organization")
Ausgewählte Journale	Journal of Business Strategy, Journal of Management and Governance, Journal of Management History, Leadership & Organization Development Journal, Business Strategy Review, Project Management Journal, International Journal of Business Performance Management, Gender in management: an International journal, Group Decision and Negotiation, Management Decision, European Management Journal, Management Communication Quarterly, Journal of Organizational Change Management, Technology Analysis & Strategic Management, European Business Review, Scandinavian Journal of Management, Organization & Environment, Harvard Business Review, Strategic Entrepreneurship Journal, Journal of Management & Organization
Gefundene Artikel	30
Dubletten, Bücherrezessionen	0
Unpassender Titel und/oder Abstract	22

Ausgewählte Artikel	• Organisational culture and cloud computing: coping with a disruptive innovation (Sultan and van de Bunt-Kokhuis, 2012) • Cloud computing as a facilitator of SME entrepreneurship (Ross / Blumenstein, 2015) • Organizational, technological and extrinsic factors in the implementation of cloud ERP in SMEs (Gupta et al., 2018)

Tabelle 2: Auswahlverfahren der Journalartikel im Themenbereich General & Strategy

Forschungsgebiet (nach Harzing 2019)	Management Information Systems, Knowledge Management
Suchstring	((((AB Cloud OR TI Cloud OR SU Cloud) AND (AB Computing OR TI Computing OR SU Computing) AND (AB Disruptive OR TI Disruptive OR SU Disruptive) AND (AB Technology OR TI Technology OR SU Technology)) OR ((AB Cloud OR TI Cloud OR SU Cloud) AND (AB Computing OR TI Computing OR SU Computing) AND (AB Disruptive OR TI Disruptive OR SU Disruptive) AND (AB potential OR TI potential OR SU potential)) OR ((AB Cloud OR TI Cloud OR SU Cloud) AND (AB Disruptive OR TI Disruptive OR SU Disruptive))) AND RV Y) AND JN("Information Systems Research" OR "Journal of Management Information Systems" OR "European Journal of Information Systems" OR "European Journal of Information Systems" OR "Decision Support Systems" OR "Decision Support Systems" OR "Information & Management" OR "Decision Support Systems" OR "Information & Management" OR "Journal of Information Technology" OR "Information Systems Journal" OR "Journal of the Association for Information Systems (AIS)" OR "International Journal of Electronic Commerce" OR "Journal of Strategic Information Systems" OR "International Journal of Information Management" OR "Journal of Knowledge Management" OR "IEEE Transactions on Software Engineering" OR "Journal of Quality Technology" OR "Insurance, Mathematics & Economics" OR "Journal of Global Information Management" OR "Information Technology and People" OR "Expert Systems with Applications" OR "Electronic Markets" OR "Health Care Management Science" OR "Electronic Commerce Research and Applications" OR "ACM Transactions on Computer Human Interaction" OR "Journal of Enterprise Information Management" OR "ACM Computing Surveys" OR "Journal of Enterprise Information Management")
Ausgewählte Journale	Information Systems Research ,Journal of Management Information Systems, European Journal of Information Systems, Decision Support Systems+C62, Information & Management, Journal of, Information Technology, Information Systems Journal, Journal of the Association for Information Systems (AIS), International Journal of Electronic Commerce, Journal of Strategic Information Systems, International Journal of Information Management, Journal of Knowledge

	Management, ACM Computing Surveys, Journal of Enterprise Information Management
Gefundene Artikel	8
Dubletten, Bücherrezessionen	0
Unpassender Titel und/oder Abstract	0
Ausgewählte Artikel	• Cloud computing: A democratizing force? (Sultan, 2013a) • Knowledge management in the age of cloud computing and Web 2.0: Experiencing the power of disruptive innovations (Sultan, 2013b) • Do strategy, processes, personnel and technology affect firm's propensity to adopt cloud computing? (Kyriakou / Loukis, 2019) • Organisational-Level Assessment of Cloud Computing Adoption: Evidence from the Australian SMEs (Alismaili et al., 2020) • Managing potentially disruptive innovations in software companies: Transforming from On-premises to the On-demand (Kaltenecker et al., 2015)

Tabelle 3: Auswahlverfahren der Journalartikel im Themenbereich Management Information Systems, Knowledge Management

/

Forschungsgebiet (nach Harzing 2019)	International Business
Suchstring	(((AB Cloud OR TI Cloud OR SU Cloud) AND (AB Computing OR TI Computing OR SU Computing)) OR (AB Cloud OR TI Cloud OR SU Cloud)) AND RV Y AND JN("European Journal of International Management" OR "Journal of Asia-Pacific Business" OR "Journal of East-West Business" OR "International Studies of Management & Organization" OR "Thunderbird International Business Review" OR "Asia-Pacific Business Review" OR "Critical Perspectives on International Business" OR "Europe Asia Studies" OR "Multinational Business Review" OR "International Business Review" OR "Asia-Pacific Journal of Management" OR "Management International Review" OR "Corporate Governance: An International Review" OR "Journal of International Management" OR "Journal of World Business (Columbia)" OR "Journal of International Business Studies" OR "Cross-Cultural Research")
Ausgewählte Journale	European Journal of International Management, Journal of Asia-Pacific Business, Journal of East-West Business, International Studies of Management & Organization, Thunderbird International Business Review, Asia-Pacific Business Review, Critical Perspectives on International Business, Europe Asia Studies, Multinational Business Review, International Business Review, Asia-Pacific Journal of Management, Management International Review, Corporate Governance: An International Review, Journal of International Management, Journal of World Business, Journal of International Business Studies", Cross-Cultural Research
Gefundene Artikel	9
Dubletten, Bücherrezessionen	1
Unpassender Titel und/oder Abstract	6
Ausgewählte Artikel	• E-Skills and the Adoption of Cloud Computing (Hadhri et al., 2017)

Tabelle 4: Auswahlverfahren der Journalartikel im Themenbereich International Business

Journalartikel	Ergebnisse
Organisational culture and cloud computing: coping with a disruptive innovation (Sultan and van de Bunt-Kokhuis, 2012)	• Understanding the determinants of Cloud Computing adoption in Saudi healthcare organisations (Alharbi et al., 2016)

Tabelle 5: Auswahlverfahren der Vorwärtssuche

Journalartikel	Ergebnisse
Managing potentially disruptive innovations in software companies: Transforming from On-premises to the On-demand (Kaltenecker et al., 2015)	• Customer Power, Strategic Investment, and the Failure of Leading Firms (Christensen / Bower, 1996) • The Disruptive Potential of Software as a Service: Validation and Application of an Ex-Ante Methodology (Kaltenecker et al., 2013)

Tabelle 6: Auswahlverfahren der Rückwärtssuche